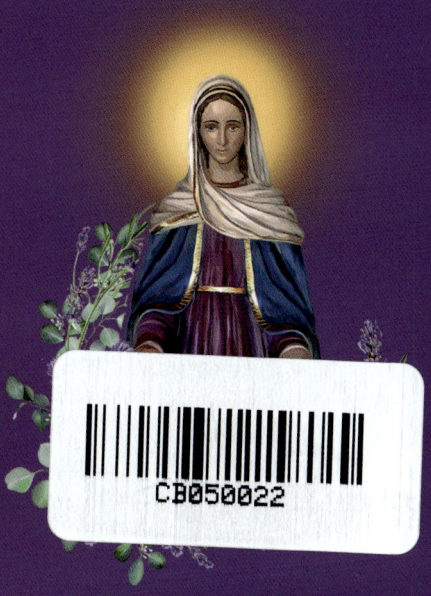

Nossa Senhora das Lágrimas, rogai por nós!

Oferecimento diário

"Lembrai-vos, oh! Mãe querida, que sou vossa alma escrava, que só aspira a dar-vos prazer e contentar o vosso magnânimo coração. Renovando nesta hora o meu oferecimento de Alma Escrava, quero lembrar-me o dever que tenho de vos ser fiel até a morte."

_____
(Seu nome)

EDITORA SANTUÁRIO

RITA ELISA SÊDA
(Organizadora)

CONSAGRAÇÃO A
NOSSA SENHORA DAS LÁGRIMAS

EDITORA
SANTUÁRIO

DIREÇÃO EDITORIAL:	Pe. Fábio Evaristo R. Silva, C.Ss.R.
CONSELHO EDITORIAL:	Pe. José Luís Queimado, C.Ss.R.
	Cláudio Anselmo Santos Silva, C.Ss.R.
	Edvaldo Manoel Araújo, C.Ss.R.
	Ferdinando Mancilio, C.Ss.R.
	Gilberto Paiva, C.Ss.R.
	Marco Lucas Tomaz, C.Ss.R.
	Victor Hugo Lapenta, C.Ss.R.
COORDENAÇÃO EDITORIAL:	Ana Lúcia de Castro Leite
DIAGRAMAÇÃO	Maurício Pereira
CAPA:	Felipe Marcondes

ISBN: 978-65-5527-298-7

3ª impressão

Todos os direitos reservados à **EDITORA SANTUÁRIO** – 2024

Rua Pe. Claro Monteiro, 342 – 12570-045 – Aparecida-SP
Tel.: 12 3104-2000 – Televendas: 0800 0 16 00 04
www.editorasantuario.com.br
vendas@editorasantuario.com.br

Apresentação

No dia 8 de novembro de 1929, irmã Amália de Jesus Flagelado foi até à capela do Instituto Missionárias de Jesus Crucificado e pediu ajuda de Jesus para a esposa de Paulo José Villac, irmão da Madre Maria Villac, que, grávida, estava desenganada pelos médicos. Tinha uma doença incurável. Amália, diante do altar, ajoelhou-se e ofereceu sua vida para salvar essa mãe, para que os filhos não ficassem órfãos e o marido viúvo. Perguntou a Jesus o que Ele queria que ela fizesse. A resposta foi que Amália deveria pedir essa graça por meio das Lágrimas de Nossa Senhora. Então, Jesus lhe ensinou as jaculatórias: *"Meu Jesus, ouvi os nossos rogos, pelas Lágrimas da vossa Mãe Santíssima!"* E, também: *"Vede, ó, Jesus, que são as Lágrimas daquela que mais vos amou na Terra e mais vos ama no Céu."*

Jesus disse à irmã Amália que, a todos que pedirem pelas Lágrimas de sua Mãe, Ele é obrigado amorosamente a conceder e, ainda mais, prometeu que sua Mãe apareceria no Instituto para entregar esse tesouro, que é um verdadeiro *ímã de misericórdia.*

No dia 8 de março de 1930, irmã Amália estava ajoelhada, diante do altar, na capela do Instituto, quando começou levitar. Diante dela, Nossa Senhora flutuava em sua direção, trazendo nas mãos um Terço, cujas contas brilhavam como o sol e eram brancas como a neve. Ao entregá-lo à sua dileta filha, disse-lhe que aquela era a Coroa de suas Lágrimas, confiada por seu Filho ao Instituto, como uma porção de sua herança, com a promessa de Jesus conceder todas as graças pedidas por meio das Lágrimas de Maria. *"Por meio desta Coroa, o demônio será derrotado e o poder do inferno será destruído. Arme-se para a grande batalha."*

No dia 8 de abril de 1930, Nossa Senhora entregou à Ir. Amália uma medalha. Em um dos lados, consta a figura de Jesus Manietado e, do outro lado, a de Nossa Senhora das Lágrimas.

A oração desse Terço espalhou-se entre as missionárias, o clero e os fiéis católicos. Muitas graças aconteceram. Nessa época, o bispo da diocese de Campinas, dom Francisco de Campos Barreto, autorizou cunhar a medalha e fazer a estampa de Nossa Senhora das Lágrimas. A devoção espalhou-se rapidamente por todo o território nacional. Foram formados vários grupos familiares para rezar a Coroa das Lágrimas, na igreja, e, principalmente, nas casas de família, sempre às 19 horas.

A partir de 1934, dom Barreto concedeu o *imprimatur* para as publicações das mensagens que a irmã Amália recebia de Jesus e Maria. Dentre elas, estão a maneira de uma alma, religiosa ou laica, tornar-se Escrava de Maria, através das mensagens de Nossa Senhora das Lágrimas.

Aqui, neste livreto, encontram-se a preparação, o oferecimento, juramento, as orações, para os que querem pertencer ao número das almas escolhidas para essa servidão.

Leia antes todo o conteúdo e pense se sua alma é capaz ou não de ser uma Escrava de Maria. Peça discernimento ao Espírito Santo.

Se decidir por "sim", leve a sério. Escreva em um papel branco o *Oferecimento* (adaptado para a alma leiga) e assine. Será seu tesouro. Escolha um dia consagrado a Nossa Senhora das Lágrimas: 20 de fevereiro (publicação, em Campinas, da carta episcopal, a respeito da importância da devoção das Lágrimas de Maria), 8 de março (aparição de Nossa Senhora das Lágrimas para a irmã Amália), 22 de julho (aniversário natalício da irmã Amália), 8 de novembro (aparição de Jesus para irmã Amália); faça a confissão de seus pecados a um sacerdote; participe da missa; comungue oferecendo a intenção de sua alma ser Escrava de Maria; depois da missa leia o *Oferecimento*; e assine-o.

Diariamente, você deverá rezar a Coroa das Lágrimas de Nossa Senhora. E poderá renovar esse ato de escravidão, anualmente, em grupo ou não.

Esta Consagração, além de ser para os que são de ordem religiosa, também foi adaptada para os leigos.

Existem diversas aparições de Nossa Senhora pelo mundo; em todas elas é a mesma mulher... Maria. A consagração sempre é para Ela.

Rita Elisa Sêda
Organizadora

Preparação e Conhecimento

1. A alma se prepara para nascer na intimidade de Maria

1° Preparo: pelo conhecimento de seu nada e de sua incapacidade para qualquer ato de virtude.

2° Preparo: grandes desejos. – Assim como Maria desejou a vinda do Messias, a alma deve desejar nascer na intimidade de Maria, cujo nascimento lhe alcançará a intimidade com Jesus.

3° Preparo: grande pureza de consciência. – Aqui a alma aprofunda-se em si mesma e vê se sua consciência está pura, com relação a tudo que é falta voluntária. Examinando-se sobre as Constituições, Diretório e Ofícios ao seu cargo, isto é, se tudo faz bem e se sua consciência não lhe acusa de relaxamento voluntário, porque só a uma consciência pura Deus fala.

4° Preparo: grande pureza de coração. – Só o coração puro pode chegar à união com Deus, pois Ele não une a si o coração apegado a si mesmo. Essa pureza de coração dá-se pelo desprendimento de tudo que é criado: objetos, criaturas, vontade própria, consolações, honras, bem-estar, opiniões, desejos. Aqui entra também em execução o voto de pobreza.

5° Preparo: pureza de intenção. – Nossa intenção deve ser pura, isto é, tudo quanto desejamos e obramos deve ser purificado pelo amor Divino. A alma que se prepara para nascer na intimidade de Maria deve somente agir para agradar a Deus. Para isso, a alma aqui deve fazer um exame para ver se suas intenções, desejos e obras são somente para agradar a Deus e por seu Amor. Ver aqui se, quando age, não é descuidadamente, sem purificar sua intenção.

6° Preparo: grande pureza de espírito. – Dentre nossas faculdades, contamos a memória, o entendimento e a vontade.

Essas faculdades da alma devem ser exercitadas, trabalhadas e unificadas:

1º A Memória, exercitando-se em recordar os benefícios da Redenção e todas as graças que daí nos vem.

2º A Inteligência, isto é, o entendimento, exercitando-se na penetração das coisas apanhadas pela memória. O entendimento faz-nos refletir sobre os favores recebidos.

3º A Vontade, uma faculdade da alma que deve trabalhar para deixá-la forte. A vontade da alma se fortifica na Vontade divina. "Ver se estamos sempre prontos para executá-la." A vontade da alma é que nos dá a generosidade no sacrifício, mas, para isso, é necessário fortificá-la.

Esse trabalho deixa a alma preparada para poder nascer em Maria: 1º Conhecendo seu nada e sua incapacidade, desejando a união com seu Deus.

Sente a alma a necessidade de trabalhar; mas, como nos diz Santa Teresa, o primeiro impulso de todo o trabalho é desejar. Aqui a alma começa a desejar e depois a trabalhar pela pureza de consciência, pureza de coração, pureza de intenção, pureza de espírito. Assim fazendo a alma pode ser transplantada de si mesma para nascer nas qualidades de Maria (Irmã Amália de Jesus Flagelado. In: *O Bom Combate na Alma Generosa*, p. 156-157).

2. Como se dará esse nascimento na intimidade de Maria

Se dará como se dá com o sol. O sol penetra em uma habitação com seus raios, sem ruído e sem ser necessário abrirem-se os vidros. Assim nossas almas podem nascer nas qualidades de Maria, penetrá-las, estando elas puríssimas nestes pontos, porque nascer em Maria é diferente de copiá-la de longe, por isso a alma que deseja essa grande graça tem a necessidade de fazer esse trabalho, que aqui fica discriminado (Irmã Amália de Jesus Flagelado. In: *O Bom Combate na Alma Generosa*, p. 157).

3. Trabalho para depois do nascimento

A alma, depois que nasce na intimidade de Maria, precisa ser batizada e conservada nas qualidades de Maria. Como realizará a alma seu batismo místico e sua conservação em Maria?

Batismo. Vejamos: depois de ter assim nascido é necessário ser batizado, o que se dará pelo trabalho da alma, que recebe um nome que condiz com as intimidades de Maria e que lhe lembre o que ela é para Maria e o que Maria é para ela.

A alma prepara esse batismo por um grande desejo de conhecer Maria em suas perfeições. Trabalhará para imitá-la nas alegrias que Ela experimentava na sua vida oculta.

Fará seu enxoval com as alegrias de Maria e com sua vida oculta. Escolherá o dia de seu Batismo, o Sacerdote, que deve ser Jesus, e seus padrinhos. Fará a alma seu ato de renúncia, como o fazem os padrinhos que vão batizar uma criança, quando por ela dizem que renunciam ao demônio, ao mundo e às obras, prometendo, em nome dessa criança, amar a Jesus Cristo.

Depois do Batismo, a alma deve trabalhar para se conservar no que desejou e realizou. Sem a perseverança, ninguém se salva. Só aos que perseveram será dado o galardão, daí a necessidade do trabalho, que a alma deve fazer para se conservar fiel.

A alma deve fazer o trabalho de se conservar na intimidade com Maria, fazendo seu exame diário sobre essa intimidade, sobre o trabalho que fez, examinando-se, até que um dia não seja mais necessário exame, pois essa intimidade já alcançou a segunda natureza.

A alma deve nessa intimidade nada fazer, nada receber, nada dar, que não seja por Maria.

É necessário ainda que a alma trabalhe não somente na intimidade como também na imitação e alimentação das qualidades de Maria.

Na imitação, a alma fará o seguinte trabalho: por exemplo, quer imitar Maria, em sua fortaleza, procurará a alma ver a fortaleza de Maria junto à Cruz. Quer imitá-la, em sua "afabilidade", procurará a alma ver Maria ao lado dos discípulos, com toda a doçura e caridade para com eles, ainda que grosseiros. Quer a alma imitar Maria, em sua "pureza", ela a deve ver fazendo tudo por amor e com amor, com modéstia e grande pureza de intenção.

Para que a alma não perca os frutos de seu nascimento na intimidade de Maria, é necessário que, durante toda a sua vida, imite-a. Mas não deve a alma só imitá-la, porque não é só na imitação que se adquirem as forças; é necessária a alimentação em Maria.

Como se alimenta a alma em Maria?

A alma deve alimentar-se para a luta que a perfeição exige, fazendo um trabalho com sua alma, fazendo-a conhecer a bondade, a solicitude, o carinho dessa Mãe Amável!

Portanto, a alma deve se alimentar:

1° na bondade de Maria;

2° na solicitude de Maria; e

3° no carinho dessa Mãe bendita.

A alma, assim alimentada, nada pode recear, nada lhe falta, vive na imitação, na intimidade, e, finalmente, alimenta-se na mesa sagrada de sua bondade, solicitude e de seu carinho. Assim alimentada, a alma avançará a passos gigantescos no caminho da santidade, pois é com Maria e por Maria que tudo nos vem. Esse tudo é seu Jesus, que é nossa vida, nosso princípio e fim (Irmã Amália de Jesus Flagelado. In: *O Bom Combate na Alma Generosa*, p. 157-159, 8-1-1935).

O grande dia da Alma se tornar escrava de Maria

Oferecimento

Dulcíssima Rainha, Mãe nossa, hoje, que tenho a ventura de vos coroar como Rainha e Soberana de nossa humilde Congregação, [de minha alma], prostrada ante o vosso altar, eu vos quero homenagear entregando-vos o que me é mais caro: minha liberdade.

Quero, oh! Rainha dulcíssima, por minha livre e espontânea vontade, entregar-me como Escrava vossa, porque sendo vossa, sou de vosso amado Filho, a quem juramos fidelidade eterna.

Sim, oh! dulcíssima Rainha, Mãe amável, bendita entre todas as mulheres, como escrava nada vos peço; podeis dispor de mim como vos agradar. Escrava que sou, não espero ser remunerada: todo prazer para vós e nada para mim.

Sim, oh! Mãe dulcíssima, tudo o que é meu é vosso: por amor somente, é que vos desejo servir.

Dia venturoso este, para a minha alma, em que tenho a felicidade inaudita de me entregar a vós sem reserva, sem nada esperar, a não ser loucamente amar-vos e, por amor de vós, sofrer todas as contrariedades da vida e nunca contar em ser aliviada neste vale de prantos; mas, sim, à vossa imitação, repetir:

– Assim como minha Mãe subiu o caminho do Calvário, eu também devo subi-lo com generosidade e sem nada esperar. Fazer tudo, oh! minha Mãe, por amor, eis a perfeição à qual devo aspirar constantemente. Quem consolação ainda espera está no número das almas fracas!

Oh! minha Mãe, dai-me a loucura da Cruz! À vossa imitação, quero subir o caminho do Calvário. Neste dia tão venturoso, eu me entrego como vossa Escrava, dai-me a graça de vos amar sem medida e sem nada esperar.

Louvor e glória sejam dados ao Deus das Misericórdias.

Oferecimento diário da alma escrava de Maria

Lembrai-vos, oh! Mãe querida, que sou vossa escrava, que só aspira a dar-vos prazer e contentar o vosso magnânimo coração. Renovando nesta hora o meu oferecimento de Alma Escrava, quero lembrar-me o dever que tenho de vos ser fiel até a morte (Irmã

Amália de Jesus Flagelado. In: *Glórias e Poder de Nossa Senhora das Lágrimas,* p. 141 e 142).

Orações
da alma escrava
de Maria

1. Fórmula para o voto heroico em favor dos agonizantes

Dulcíssimo Jesus Crucificado, que de vossa santíssima boca deixastes sair esta comovedora súplica: "Tenho sede", meditando profundamente nesta vossa sede, senti a necessidade de proporcionar-vos um refrigério para os vossos lábios ressequidos.

Por isso, apesar da minha nulidade, pelas mãos puríssimas de Maria e em união com os merecimentos desta bendita Mãe, depois de purificar no vosso Sangue divino quanto possa fazer de meritório neste exílio e quanto me derem, tudo isso eu lhe entrego, em favor dos pobres pecadores, em sua última hora.

Recebei, clementíssimo Jesus, minha pobre esmola e dai- me vós os vossos merecimentos para a salvação de minha alma, que de hoje em diante lhe entrego, pelas mãos de Maria!

Meu Jesus Crucificado, pelas lágrimas de vossa terna Mãe, salvai os pobres pecadores em sua última hora, tocando-os com a vossa misericórdia. Fazei com que eu seja missionária daqueles que agonizam, para que nenhum deles se perca.

Aceitai minhas pobres esmolas por todos eles sem exceção, o que de coração vos suplico pelo amor que consagrais à vossa Mãe Santíssima. Assim seja (*Glórias e Poder de Nossa Senhora das Lágrimas*, p. 142 e 143).

2. Oração pelo clero

Deixai, oh! Jesus, que em vosso Coração Eucarístico, deposite as nossas mais ardentes preces pelo nosso clero.

Multiplicai as vocações sacerdotais na nossa pátria; atraí ao vosso altar os filhos do nosso Brasil; chamai-os com insistência para o vosso ministério.

Conservai, na perfeita fidelidade ao vosso serviço, aqueles a quem já chamastes para tão alta dignidade; afervorai-os, purificai-os, santificai-os, não permitindo que se afastem do espírito da vossa Igreja.

Não consintais, oh! Jesus, nós vos suplicamos, que, debaixo do Céu brasileiro, sejam, por mãos indignas, profanados os vossos mistérios de amor.

Também vos pedimos, com insistência: deixai que a misericórdia de vosso Coração vença a vossa justiça divina, em favor daqueles que recusaram a honra da vocação sacerdotal ou desertaram das fileiras sagradas!

Que os nossos sacerdotes, pela sua ciência, sejam verdadeira luz para as nossas almas, e que pelo seu zelo sejam sal vivo para os nossos corações sequiosos de virtude.

Atendei, oh! Jesus, a esta insistente oração que fazemos em favor do clero, apresentando, para isso, o valor das benditas Lágrimas de Maria Santíssima, Mãe dos sacerdotes.

Oh! Maria, ao vosso Coração confiamos o nosso clero; guiai-o, protegei-o, salvai-o para honra de vosso divino Filho e proveito das almas regeneradas pelo seu Precioso Sangue (*Glórias e Poder de Nossa Senhora das Lágrimas*, p. 143).

Rede dos eleitos de Maria

Escravidão amorosa (por Jesus)

Apresento-vos hoje para esclarecimento dos amados membros de nossa geração o que significa ser Alma Escrava de Maria.

Oh! antes de começar a narrar-vos tão salutar escravidão, deixai-me dizer-vos: Eu sou o primeiro escravo de Maria. O seu amor fortemente me prendeu ao seu Coração; e, por esta Mãe, inventaria todas as loucuras de amor, que um filho pode inventar.

Amo tanto esta Mãe bendita, que lhe dei os meus tesouros, e ela, solícita, vive no meu infinito amor, dispensando-os a todos que a ela recorrem.

Geração tão querida, que significa ser Alma Escrava de Maria?

Ser Escrava de Maria é estar presa ao seu amor, porque a sua delicadeza e fineza prendem os homens de tal forma que, apaixonando os corações, não é mais possível dela afastar-se. Daí vem o cativeiro.

Quando dois corações se amam apaixonadamente, ficam estes corações escravos. No seu ente querido só se veem as boas qualidades e não os defeitos; tudo parece belo no objeto amado, e, além disso, pela pessoa amada fazem tudo, ficam escravas, presas às redes de seu amor!

Maria estende a sua rede de amor e seus filhos ficam cativos, ficam seus escravos. É nesta rede que desejo que a nossa geração fique presa. Para isso, pedi que todas as pessoas, que entrarem em nosso Pombal amado, que fiquem escravas de Maria.

Oh! bendita escravidão! Oh! felizes os que a Ela se prenderem, pois serão bem-aventurados; salvarão muitas almas, predestinando a sua própria, e voarão para à Pátria Amada, nos braços puríssimos de Maria.

Amada geração que me lês, que ventura é ser escrava de Maria, apaixonada de Maria! Haverá ventura semelhante a esta, estar preso a esta Mãe bendita que, por nove meses, me prendeu a sua rede de amor e, por 33 anos, me prendeu com as correntes de sua solicitude maternal?

Se soubesse a ventura de ser Alma Escrava de Maria, prostraria aos seus pés e lhe dirias: Prendei-me, Mãe querida, com as correntes de vossa solicitude; fazei-me, cativa de vosso amor, porque desejo ser vossa escravazinha, vivendo na vossa companhia, morrendo a cada instante, porque ainda não vivo de vosso amor!

Oh! ser Alma Escrava do amor de Maria é ser minha eleita! Em verdade vos declaro que quem não for escravizada pelo amor de Maria não poderá receber às minhas dileções!

Sede Alma Escrava do amor de Maria, como Eu o fui e Sou, pois ainda hoje as correntes de seu amor me seduzem!

Oh! quantas vezes a justiça é adiada e os pecadores são convertidos e perdoados pelo amor, que consagro a Maria! Sim, ainda hoje, Ela me segura os braços da justiça com as fortes correntes de seu amor, que me prendem ao seu compassivo coração. Como minha Mãe me seduz!

Um só olhar compassivo de Maria para um pecador me faz esquecer as ingratidões destes infelizes!

Vede, como sou escravo de Maria, escravo do seu Coração amoroso e compassivo! Por isso, atirai-vos ao seu amor, às suas redes; deixai-vos escravizar pelo seu amor, e se assim fizerdes, me imitareis, e imitando-me, ao seu lado, nos seus aposentos particulares, na tenda dos seus eleitos e dos seus escravos, cantareis comigo os triunfos e as glórias da Mãe bendita. Oh! como desejo que o número de suas Almas escravas cresça e que esta falange de missionárias (e leigos) seja escravizada, pelo seu amor, e assim possa realizar os meus ideais divinos.

Deixai, que Maria vos escravize a tal ponto, que vos torneis loucos de amor e, assim, na vossa escravidão e loucura, Ela vos mostre o hospício divino, onde vos deveis encerrar.

Esse hospício divino é o meu Coração, onde Maria costuma guardar as almas suas escravas (*Glórias e Poder de Nossa Senhora das Lágrimas*, p. 127 e 128).

Terço Coroa das Lágrimas de Nossa Senhora

Oração inicial (elaborada por Ir. Amália de Jesus Flagelado):

Eis-nos aqui aos vossos pés, oh! dulcíssimo Jesus Crucificado, para vos oferecer as Lágrimas d'Aquela que, com tanto amor, vos acompanhou no caminho doloroso do Calvário. Fazei, oh! bom Mestre, que saibamos aproveitar as lições que elas nos dão, para que, na Terra, realizando a vossa santíssima vontade, possamos um dia no Céu – vos louvar por toda a eternidade.

Nas contas brancas (que separam os grupos de sete):

Vede meu Jesus, são as Lágrimas d'Aquela que mais vos amou na Terra! E que mais vos ama no Céu.

Nas contas brancas (grupos de sete):
Meu Jesus, ouvi os nossos rogos. Pelas Lágrimas da vossa Mãe Santíssima.

Repete-se três vezes, nas três contas brancas finais:
Vede meu Jesus, são as Lágrimas d'Aquela que mais vos amou na Terra! E que mais vos ama no Céu.

Oração final (elaborada por Ir. Maria do Calvário):

Virgem Santíssima e Mãe das Dores, nós vos pedimos que junteis os vossos rogos aos nossos, a fim de que Jesus, Vosso Divino Filho, a quem nos dirigimos em nome das Vossas Lágrimas de Mãe, ouça as nossas preces e nos conceda, com as graças que desejamos, a coroa eterna. Assim seja – Amém!

Jaculatórias finais (rezar contemplando e beijando a medalha):

"Por vossa mansidão divina, oh! Jesus Manietado, salvai o mundo do erro que o ameaça!"

"Oh! Virgem Dolorosíssima, as vossas Lágrimas derrubaram o império infernal!"

(São as inscrições que constam na medalha, por isso reza-se segurando a medalha.)

Imprimatur
Campinas, 8 de março de 1932
† *Francisco de Campos Barreto*

FONTES

Irmã Amália de Jesus Flagelado. In: *Glórias e Poder de Nossa Senhora das Lágrimas,* Instituto Missionárias de Jesus Crucificado, Typ. Da Casa Mascotte – Campinas, 1ª Edição, 1934.

Irmã Amália de Jesus Flagelado. In: *O Bom Combate na Alma Generosa*, Instituto Missionárias de Jesus Crucificado, São Paulo: Sociedade Impensa Bíblica, 1ª Edição, 1936.

SOBRE A ORGANIZADORA

Rita Elisa Sêda é genealogista, pesquisadora, fotógrafa, arqueóloga, cronista, romancista e contista; membro-fundadora da Academia Valeparaibana de Letras e Artes – AVLA, pertence à Confederação Brasileira de Letras e Artes – CONBLA – e ao Instituto Histórico, Geográfico e Genealógico do Grande ABC – IHGG. Recebeu o prêmio Carlos Drummond de Andrade, Revelação Literária do Ano, Itabira, MG. Embaixadora da Paz pela ordem da Coroa dos Arameus e dos Auranitas. Comendadora oficial pelo Estado de

São Paulo com a Medalha Leão de Judá; Medalha Monteiro Lobato, Taubaté, SP. Possui diversos livros no mercado livreiro, dentre eles as biografias: "Cora Coralina, Raízes de Aninha"; "Nhá Chica, a Mãe dos Pobres"; "Franz de Castro Holzwarth – o apóstolo da Misericórdia"; "Viver na Alegria do Senhor – Dom Raymundo Cardeal Damasceno Assis"; "Irmã Amália, Estigmas, Êxtases, Mensagens & a devoção a Nossa Senhora das Lágrimas"; "Devocionário de Nossa Senhora das Lágrimas".

Há 41 anos é devota de Nossa Senhora das Lágrimas; possui Coroa, estampas grandes e pequenas de Nossa Senhora das Lágrimas e Jesus Manietado; medalhas grandes, médias e pequenas. Todas da década de 1930 e que sempre estão em destaque no lugar de oração, em sua residência. Em seu acervo particular constam: livros, originais, cartas e registros fotográficos correspondentes à Irmã Amália.

Graças alcançadas por meio da intercessão de Nossa Senhora das Lágrimas e da Irmã Amália Aguirre Queija, enviar testemunho para o e-mail: rita@ritaelisaseda.com.br

YouTube: Irmã Amália & Nossa Senhora das Lágrimas
Site: www.ritaelisaseda.com.br

Segundo as disposições do Código de Direito Canônico, a partir de 15 de novembro de 1966, Sua Santidade, o papa Paulo VI, assinou o decreto da Sagrada Congregação para a Doutrina da Fé, publicado nas Atas da Santa Sé, volume 58, página 1.156: "Todos os escritos referentes a revelações privadas (aparições, visões, locuções interiores, milagres, profecias etc.) podem ser publicados e lidos pelos fiéis, sem licença prévia e expressa das autoridades eclesiásticas".